EZRA POUND

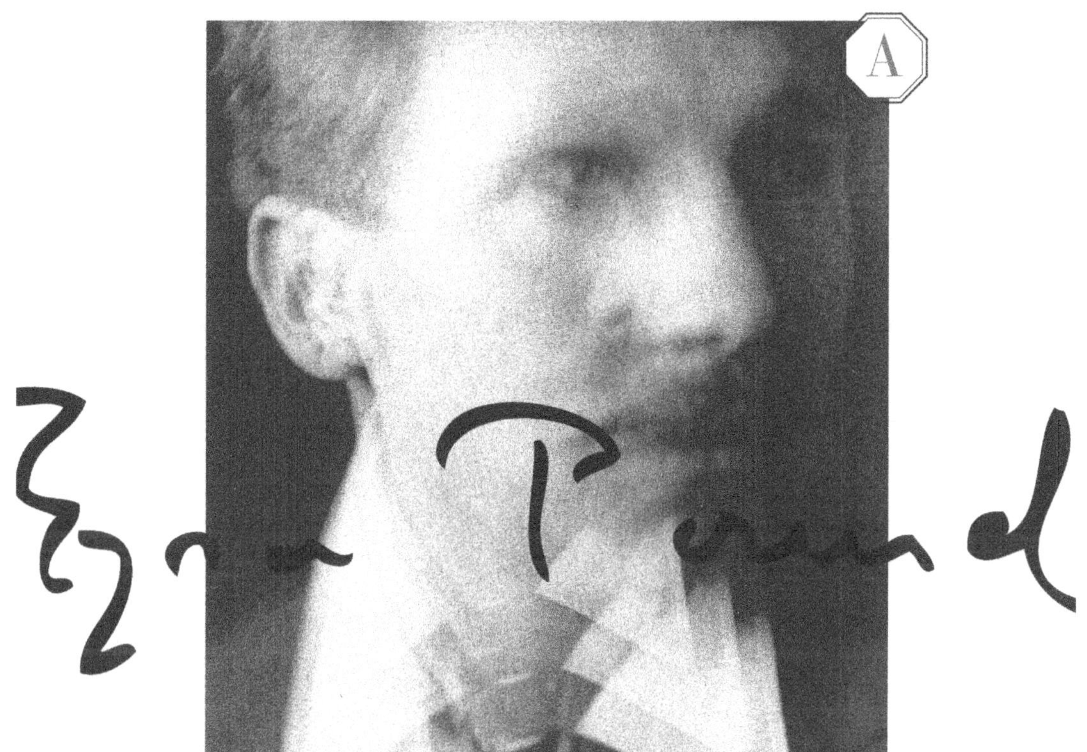

– EXULTATIONS –

Traducción de Juan Arabia

buenosaires
poetry

Pound, Ezra

EXULTATIONS . - 1a edición bilingüe - Ciudad Autónoma de

Buenos Aires : Buenos Aires Poetry, 2016.

106 p. ; 177,8 x 254 mm.

Traducción de: Juan Arabia.

ISBN 978-987-4197-51-1

1. Poesía. I. Arabia, Juan, trad. II. Título.

CDD 813

TÍTULO DE LA EDICIÓN ORIGINAL:

Exultations – Elkin Mathews

London, 1909

Traducción: ©Juan Arabia

Diseño de portada e interiores: ©Camila Evia

BUENOS AIRES POETRY

editorial@buenosairespoetry.com

www.editorialbuenosairespoetry.com

EZRA POUND

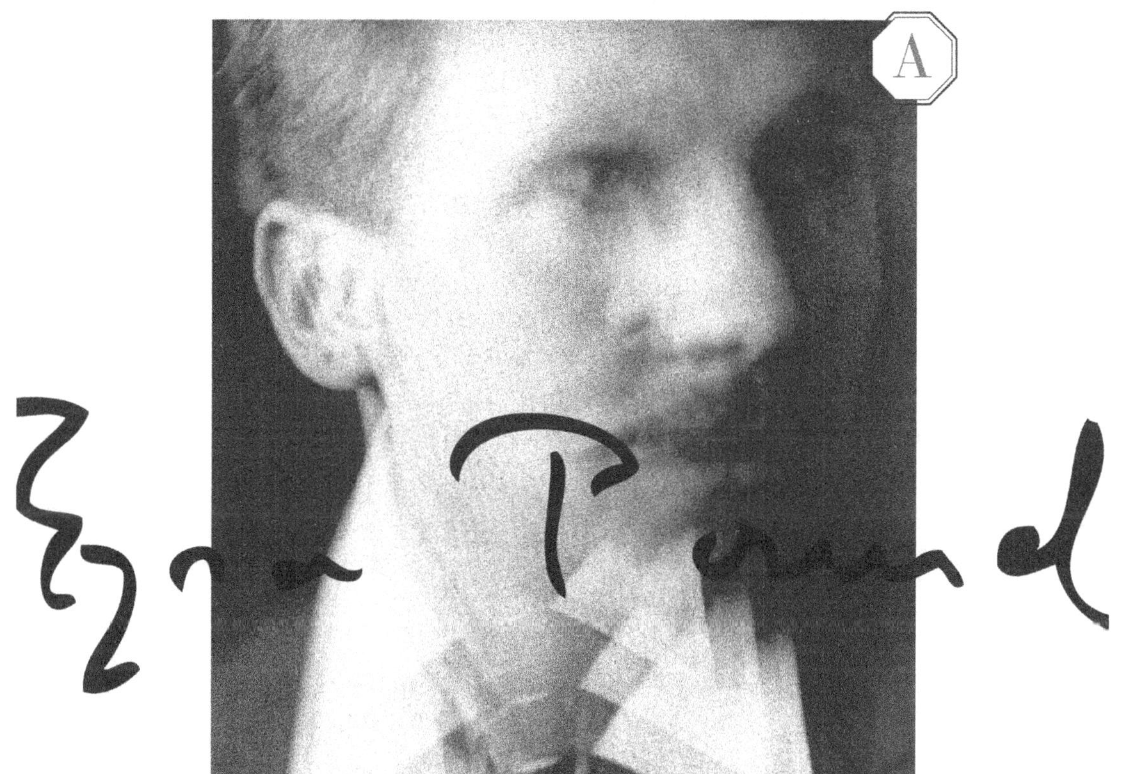

— EXULTATIONS —

Traducción de Juan Arabia

~ Índice ~

EZRA POUND

~

EXULTATIONS

~

Traducción
Juan Arabia

*I am an eternal spirit and the things I
make are but ephemera, yet I endure:
Yea, and the little earth crumbles beneath
our feet and we endure.*

(II)

•

A
CARLOS TRACY CHESTER
"amicitiae longaevitate"

GUIDO INVITES YOU THUS[1]

"Lappo I leave behind and Dante too,
Lo, I would sail the seas with thee alone!
Talk me no love talk, no bought-cheap fiddl'ry,
Mine is the ship and thine the merchandise,
All the blind earth knows not th' emprise
Whereto thou calledst and whereto I call.

Lo, I have seen thee bound about with dreams,
Lo, I have known thy heart and its desire;
Life, all of it, my sea, and all men's streams
Are fused in it as flames of an altar fire!

Lo, thou hast voyaged not! The ship is mine."

---

1   The reference is to Dante's sonnet "Guido vorrei..."

⬡ 13

GUIDO TE INVITA ASÍ[1]

"Dejo atrás a Lappo y a Dante,
¡Me gustaría recorrer los mares solo contigo!
No me hables de amor, ni de violines baratos,
Mío es el barco y tuya la mercancía,
La ciega tierra desconoce la empresa
Que tú reclamas y yo reclamo.

Mira, te he visto atada por sueños,
Mira, he conocido tu corazón y su deseo;
¡La vida, entera, mi mar y todas las corrientes de los hombres
Se funden en él como llamas de fuego de un altar!

¡Mira, tú no has navegado! El barco es mío."

---

1   La referencia es al soneto de Dante "Guido vorrei..." (Nota del autor)

NIGHT LITANY

O Dieu, purifiez nos cœurs!
      purifiez nos cœurs!

Yea the lines hast thou laid unto me
       in pleasant places,
And the beauty of this thy Venice
       hast thou shown unto me
Until is its loveliness become unto me
       a thing of tears.

O God, what great kindness
       have we done in times past
       and forgotten it,
That thou givest this wonder unto us,
       O God of waters?

O God of the night
       What great sorrow
Cometh unto us,
       That thou thus repayest us
Before the time of its coming?

O God of silence,
       Purifiez nos cœurs,

LETANÍA NOCTURNA

O Dieu, purifiez nos cœurs!
      purifiez nos cœurs!

Sí, los versos que me has dejado
      en placenteros lugares,
Y la belleza de ésta, tu Venecia,
      que me has mostrado
Hasta que su encanto se convirtió para mí
      en un objeto de lágrimas.

Oh, Dios, ¿qué gran bondad
      hemos hecho en el pasado
      y luego olvidado,
Para que nos regales este milagro,
      Oh, Dios de las aguas?

Oh, Dios de la noche
      ¿Qué gran tristeza
Viene hacia nosotros,
      Que así nos recompensas
Antes de su llegada?

Oh, Dios del silencio,
      Purifiez nos cœurs,

Purifiez nos cœurs,
For we have seen
The glory of the shadow of the
   likeness of thine handmaid,
Yea, the glory of the shadow
   of thy Beauty hath walked

Upon the shadow of the waters
   In this thy Venice.
      And before the holiness
Of the shadow of thy handmaid
   Have I hidden mine eyes,
      O God of waters.

O God of silence,
      Purifiez nos cœurs,
      Purifiez nos cœurs,
O God of waters,
      make clean our hearts within us
And our lips to show forth thy praise,
      For I have seen the
Shadow of this thy Venice
Floating upon the waters,
      And thy stars
Have seen this thing out of their far courses
Have they seen this thing,
      O God of waters,

Purifiez nos cœurs,
Porque hemos visto
La gloria de tu sombra
      semejante a tu doncella,
Sí, la gloria de la sombra
      de tu Belleza ha caminado

Sobre las sombras de las aguas
      En ésta, tu Venecia.
                  Y ante la santidad
De la sombra de tu doncella
      He ocultado mis ojos,
                  Oh, Dios de las aguas.

Oh, Dios del silencio,
                  Purifiez nos cœurs,
                  Purifiez nos cœurs,
Oh, Dios de las aguas,
                  limpia nuestros corazones
Y que nuestros labios reflejen tus alabanzas,
                  Porque he visto la
Sombra de ésta, tu Venecia,
Flotando sobre las aguas,
                  y tus estrellas
La han visto desde sus lejanos cursos
Han visto esto,
                  Oh, Dios de las aguas,

Even as are thy stars
Silent unto us in their far-coursing,
Even so is mine heart
      become silent within me.

            Purifiez nos cœurs
O God of the silence,
                  Purifiez nos cœurs
O God of waters.

Así como tus estrellas son
Silenciosas para nosotros en su lejanía,
Así mi corazón
    enmudece dentro de mí.

     Purifiez nos cœurs
Oh, Dios del silencio,
     Purifiez nos cœurs
Oh, Dios de las aguas.

SANDALPHON

The angel of prayer according to the Talmud stands unmoved among the angels of wind and fire, who die as their one song is finished, also as he gathers the prayers they turn to flowers in his hands.

And these about me die,
Because the pain of the infinite singing
Slayeth them.
Ye that have sung of the pain of the earth-horde's
        age-long crusading,
Ye know somewhat the strain,
        the sad-sweet wonder-pain of such singing.
And therefore ye know after what fashion
This singing hath power destroying.

Yea, these about me, bearing such song in homage
Unto the Mover of Circles,
Die for the might of their praising,
And the autumn of their marcescent wings
Maketh ever new loam for my forest;
And these grey ash trees hold within them
All the secrets of whatso things
They dreamed before their praises,

SANDALPHON

El ángel de la oración, de acuerdo con el Talmud, permanece inmóvil entre los ángeles del viento y del fuego, quienes mueren cuando se termina su única canción, y mientras él reúne las oraciones ellos se convierten en flores en sus manos.

Y estos mueren a mi alrededor,
Porque el dolor infinito del canto
Los destruye.
Ustedes que han cantado del dolor de la horda de la tierra,
    lejana época de la cruzada,
saben algo del compás,
    el triste y dulce y maravilloso dolor de ese canto.
Y por lo tanto saben de qué manera
Este canto tiene un poder destructor.

Sí, están a mi alrededor, llevando esta canción en homenaje
Hacia el Movimiento de Círculos,
Muerto por el poder de su alabanza,
Y el otoño de sus alas marcescentes
Ha hecho siempre nuevo marga para mi bosque;
Y estos grises fresnos tienen dentro de ellos
Todos los secretos de las cosas
Que soñaron antes de sus alabanzas,

And in this grove my flowers,
Fruit of prayerful powers,
Have first their thought of life
          And then their being.

Ye marvel that I die not! *forsitan!*
Thinking me kin with such as may not weep,
Thinking me part of them that die for praising
—yea, tho' it be praising,
past the power of man's mortality to
dream or name its phases,
—yea, tho' it chant and paean
past the might of earth-dwelt
soul to think on,
—yea, tho' it be praising
as these the winged ones die of.

Ye think me one insensate
          else die I also
Sith these about me die,
And if I, watching
Ever the multiplex jewel, of beryl and jasper and sapphire
Make of these prayers of earth ever new flowers;
Marvel and wonder!
Marvel and wonder even as I,
Giving to prayer new language
And causing the works to speak

Y en esta arboleda mis flores,
Fruto de los poderes de la oración,
Tienen primero su pensamiento de vida
    Y luego su ser.

¡Sí, asómbrate de que no muera! *¡forsitan!*
Pensando mi parentesco con los que no pueden llorar,
Pensándome como parte de esos que mueren por alabar
—sí, aunque sea alabando,
más allá del poder de la mortalidad del hombre para
soñar o nombrar sus fases,
—sí, a pesar de la oración y el canto
más allá del poder de la tierra habitada
alma en la que pensar,
—sí, aunque sea alabando
así como que mueren estas alas.

Me crees un insensato
    si muero yo también
Desde que estos mueren a mi alrededor,
Y si yo, observando
Siempre las múltiples joyas, o berilo y jaspe y zafiro
Hago nuevas flores de estas oraciones de la tierra;
¡Asómbrate y deslúmbrate!
Asómbrate y deslúmbrate como yo,
Dando a la oración un nuevo idioma
Y haciendo que las palabras hablen

Of the earth-horde's age-lasting longing,
Even as I marvel and wonder, and know not,
Yet keep my watch in the ash wood.

Del anhelo eterno de la horda de la tierra,
Incluso si yo me asombro y deslumbro y, sin saberlo,
Aún mantén mi mirada en la madera del fresno.

SESTINA: ALTAFORTE

LOQUITUR: *En* Bertrans de Born.
Dante Alighieri put this man in hell for that he was a stirrer-up of strife.
    Eccovi!
    Judge ye!
    Have I dug him up again?
The scene is at his castle, Altaforte. "Papiols" is his jongleur.
"The Leopard," the *device* of Richard (Cœur de Lion).

I

Damn it all! all this our South stinks peace.
You whoreson dog, Papiols, come! Let's to music!
I have no life save when the swords clash.
But ah! when I see the standards gold, vair, purple, opposing
And the broad fields beneath them turn crimson,
Then howl I my heart nigh mad with rejoicing.

II

In hot summer have I great rejoicing
When the tempests kill the earth's foul peace,
And the light'nings from black heav'n flash crimson,
And the fierce thunders roar me their music

SEXTINA: ALTAFORTE

LOQUITUR: *En* Bertran de Born.
Dante Alighieri puso a este hombre en el infierno porque era un agitador de las armas.
    Eccovi!
    ¡Juzguen!
    ¿Lo he desenterrado de nuevo?
La escena transcurre en su castillo, Altaforte. "Papiols" es su juglar.
"The Leopard," es el *emblema* de Ricardo (Corazón de León).

I.

¡Maldito sea todo! todo nuestro Sur apesta a paz.
¡Tú, Papiols, perro hijo de puta, ven! ¡Hagamos música!
No tengo vida salvo cuando las espadas chocan.
Pero cuando veo los estandartes de oro, heráldicas y condecoraciones
                                    [enfrentándose
Y los amplios campos debajo de esta escena se vuelven carmesí,
Entonces mi corazón aúlla enloquecido de alegría.

II.

En el verano caluroso siento una gran alegría
Cuando las tempestades matan la paz de la tierra,
Y las luces del cielo negro brillan de color carmesí
Y los feroces truenos me rugen con su música

And the winds shriek through the clouds mad, opposing,
And through all the riven skies God's swords clash.

III

Hell grant soon we hear again the swords clash!
And the shrill neighs of destriers in battle rejoicing,
Spiked breast to spiked breast opposing!
Better one hour's stour than a year's peace
With fat boards, bawds, wine and frail music!
Bah! there's no wine like the blood's crimson!

IV

And I love to see the sun rise blood-crimson.
And I watch his spears through the dark clash
And it fills all my heart with rejoicing
And pries wide my mouth with fast music
When I see him so scorn and defy peace,
His lone might 'gainst all darkness opposing.

V

The man who fears war and squats opposing
My words for stour, hath no blood of crimson
But is fit only to rot in womanish peace
Far from where worth's won and the swords clash

Y los vientos chillan a través de las nubes enloquecidas, enfrentándose,
Y a través de todos los cielos desgarrados chocan las espadas de Dios.

III.

¡Quiera pronto el infierno que oigamos de nuevo chocar las espadas!
¡Y los agudos relinchos de los caballos regocijándose en la batalla,
Enfrentándose pecho a pecho con puntas opuestas!
¡Mejor una hora de combate que todo un año de paz,
Con abundante comida, prostitutas, vino y música delicada!
¡Bah! ¡No hay mejor vino que el de la sangre carmesí!

IV.

Y me encanta ver salir el sol color sangre carmesí.
Y contemplo sus lanzas a través del oscuro choque
Y mi corazón se llena de alegría
Y mi boca se abre de par en par con música rápida
Cuando lo veo desafiar y despreciar la paz,
Su solitario poder contra toda la oscuridad, enfrentándose.

V.

El hombre que teme a la guerra y se pone de rodillas, enfrentándose
A mis palabras que llaman al combate, no tiene sangre carmesí
Sólo es bueno para pudrirse en la afeminada paz
Lejos de donde se gana el valor y las espadas chocan

For the death of such sluts I go rejoicing;
Yea, I fill all the air with my music.

VI

Papiols, Papiols, to the music!
There's no sound like to swords swords opposing,
No cry like the battle's rejoicing
When our elbows and swords drip the crimson
And our charges 'gainst "The Leopard's" rush clash.
May God damn for ever all who cry "Peace!"

VII

And let the music of the swords make them crimson!
Hell grant soon we hear again the swords clash!
Hell blot black for alway the thought "Peace"!

Porque la muerte de esas putas es mi alegría;
Sí, yo invado con mi música todo el aire.

VI.

¡Papiols, Papiols, a la música!
No hay sonido como el de las espadas enfrentándose,
Ni grito alegre como el de la guerra
Cuando nuestros codos y espadas chorrean carmesí
Y nuestra carga choca contra "El Leopardo".
¡Que Dios maldiga para siempre a todos los que claman "Paz"!

VII.

¡Y que la música de las espadas los convierta en carmesí!
¡Quiera pronto el infierno que oigamos de nuevo chocar las espadas!
¡Que el infierno tiña por siempre de negro todo pensamiento de "Paz"!

PIERE VIDAL OLD

It is of Piere Vidal, the fool par excellence of all Provence, of whom the tale tells
how he ran mad, as a wolf, because of his love for Loba of Penautier, and how men
hunted him with dogs through the mountains of Cabaret and brought him for dead to
the dwelling of this Loba (she-wolf) of Penautier, and how she and her Lord had him
healed and made welcome, and he stayed some time at that court. He speaks:

When I but think upon the great dead days
And turn my mind upon that splendid madness,
Lo! I do curse my strength
And blame the sun his gladness;
For that the one is dead
And the red sun mocks my sadness.

Behold me, Vidal, that was fool of fools!
Swift as the king wolf was I and as strong
When tall stags fled me through the alder brakes,
And every jongleur knew me in his song,
And the hounds fled and the deer fled
And none fled over long.

Even the grey pack knew me and knew fear.
God! how the swiftest hind's blood spurted hot
Over the sharpened teeth and purpling lips!
Hot was that hind's blood yet it scorched me not

VIEJO PIERE VIDAL

Es de Piere Vidal, el loco por excelencia de toda la Provenza, de quien se cuenta la historia de cómo enloqueció, como un lobo, por su amor a Loba de Penautier, y de cómo los hombres lo cazaron con perros a través de las montañas de Cabaret y lo llevaron a morir a la casa de Loba de Penautier, y cómo ella y su Señor lo curaron y le dieron la bienvenida, y él se quedó un tiempo en esa corte. Él habla:

Cuando pienso en los grandes días del pasado
Recordando aquella espléndida locura,
¡Ah! Le doy rumbo a mi fuerza
Y condeno al sol por su alegría;
Porque la elegida está muerta
Y el rojo sol se burla de mi tristeza.

¡Heme aquí, Vidal, loco entre los locos!
Veloz como el rey de los lobos era yo, y fuerte,
Cuando los altos ciervos se escapaban de mí entre los impenetrables alisos,
Y cada juglar me recordaba en sus canciones,
Y los sabuesos y los ciervos huían
Aunque ninguno por mucho tiempo.

Incluso la gris manada me conocía y conocía el miedo.
¡Dios! ¡Cómo chorreaba la sangre caliente de la cierva más rápida
Sobre los afilados dientes y purpúreos labios!
¡Caliente era su sangre pero no me quemó

As did first scorn, then lips of the Penautier!
Aye ye are fools, if ye think time can blot

From Piere Vidal's remembrance that blue night,
God! but the purple of the sky was deep!
Clear, deep, translucent, so the stars me seemed
Set deep in crystal; and because my sleep
—Rare visitor—came not,—the Saints I guerdon
For that restlessness—Piere set to keep

One more fool's vigil with the hollyhocks.
Swift came the Loba, as a branch that's caught,
Torn, green and silent in the swollen Rhone,
Green was her mantle, close, and wrought
Of some thin silk stuff that's scarce stuff at all,
But like a mist wherethrough her white form fought,

And conquered! Ah God! conquered!
Silent my mate came as the night was still.
Speech? Words? Faugh! Who talks of words and love?!
Hot is such love and silent,
Silent as fate is, and as strong until
It faints in taking and in giving all.
Stark, keen, triumphant, till it plays at death.
God! she was white then, splendid as some tomb
High wrought of marble, and the panting breath
Ceased utterly. Well, then I waited, drew,

Como sí lo hizo el primer desprecio de los labios de la Penautier!
Deben estar locos para creer que el tiempo puede borrar

El recuerdo de Piere Vidal de esa noche azul.
¡Dios! ¡Hasta el púrpura del cielo era tan profundo!
Claro, profundo, traslúcido, tanto que las estrellas
Me parecían inmersas en el cristal; y porque mi sueño
—Visitante extraño—no vino,—a los Santos recompensé
Por ese desasosiego—Piere pareció guardar

Otra vigilia de locos con las malvas.
La Loba llegó rápido, como una rama que quedó atrapada,
Arrancada, silenciosa y verde en el crecido Ródano,
Verde era su manto, cerrado y labrado
De alguna fina seda absolutamente escasa,
Pero a través de la cual, como niebla, luchaba su forma blanca.

¡Y conquistaba! ¡Dios! ¡cómo conquistaba!
Silenciosa mi amada vino, igual que la noche, en calma.
¿Con discursos? ¿Palabras? ¡Bah! ¿Quién habla de amor y palabras?
Ardiente es ese amor, y silencioso,
Tan silencioso como es el destino, y tan fuerte hasta
Que desfallece en tomar y en darlo todo.
Severa, competitiva, triunfante, hasta jugar con la muerte.
¡Dios! Ella se puso blanca entonces, espléndida como una tumba
Alta y forjada en mármol, y la respiración jadeante
Cesó por completo. Bueno, entonces esperé,

Half-sheathed, then naked from its saffron sheath
Drew full this dagger that doth tremble here.

Just then she woke and mocked the less keen blade.
Ah God, the Loba! and my only mate!
Was there such flesh made ever and unmade!
God curse the years that turn such women grey!
Behold here Vidal, that was hunted, flayed,
Shamed and yet bowed not and that won at last.

And yet I curse the sun for his red gladness,
I that have known strath, garth, brake, dale,
And every run-way of the wood through that great madness,
Behold me shrivelled as an old oak's trunk
And made men's mock'ry in my rotten sadness!

No man hath heard the glory of my days:
No man hath dared and won his dare as I:
One night, one body and one welding flame!
What do ye own, ye niggards! that can buy
Such glory of the earth? Or who will win
Such battle-guerdon with his "prowesse high"?

O Age gone lax! O stunted followers,
That mask at passions and desire desires,
Behold me shrivelled, and your mock of mocks;
And yet I mock you by the mighty fires

Desenfundando a medias, hasta que saqué por completo
De la azafranada funda esta daga que aquí tiembla.

En ese momento ella se despertó y se burló de la desafilada hoja.
¡Ah Dios, la Loba! ¡y mi único compañero!
¿Hubo semejante cuerpo hecho y deshecho alguna vez?
¡Dios maldiga los años que tornan grises a mujeres así!
He aquí Vidal, que fue perseguido, herido,
Humillado, y sin embargo no se inclinó y por eso triunfó al fin.

¡Y sin embargo maldigo al sol por su alegría,
Yo que he conocido jardines, matorrales y extensos valles
Y cada una de las salidas del bosque a través de esa gran locura,
He aquí arrugado como un viejo tronco de roble
Y convertido en la burla de los hombres en mi tristeza maldita!

Ningún hombre ha escuchado sobre la gloria de mis días:
Ningún hombre ha desafiado y ganado su reto como yo:
¡Una noche, un cuerpo y una soldadora llama!
¿Qué poseen ustedes, avaros, que pueda comprar
Semejante gloria en la tierra? ¿O quién ganará
Tal galardón de guerra con su "alta proeza"?

¡Oh, la época se ha relajado! ¡Oh, atrofiados seguidores,
Que ocultan las pasiones y los deseos del deseo,
Heme aquí marchito, burla de las burlas!
Y sin embargo yo me burlo de ustedes con los poderosos fuegos

That burnt me to this ash.

   •   •   •   •   •   •   •   •

Ah! Cabaret! Ah Cabaret, thy hills again!

   •   •   •   •   •   •   •   •

Take your hands off me!... [*Sniffing the air.*

Ha! this scent is hot!

Que me han quemado y convertido en ceniza.

    ·   ·   ·   ·   ·   ·   ·   ·

¡Ah! ¡Cabaret! ¡Ah, Cabaret, otra vez tus colinas!

    ·   ·   ·   ·   ·   ·   ·   ·

¡Quítenme las manos de encima! ... [*Olfateando el aire.*

¡Ah! ¡Este aroma es cálido!

BALLAD OF THE GOODLY FERE

Simon Zelotes speaketh it somewhile after the Crucifixion.

Ha' we lost the goodliest fere o' all
For the priests and the gallows tree?
Aye lover he was of brawny men,
O' ships and the open sea.

When they came wi' a host to take Our Man
His smile was good to see,
"First let these go!" quo' our Goodly Fere,
"Or I'll see ye damned," says he.

Aye he sent us out through the crossed high spears
And the scorn of his laugh rang free,
"Why took ye not me when I walked about
Alone in the town?" says he.

Oh we drank his "Hale" in the good red wine
When we last made company,
No capon priest was the Goodly Fere
But a man o' men was he.

I ha' seen him drive a hundred men
Wi' a bundle o' cords swung free,

BALADA DEL BUEN COMPAÑERO

Simón el Zelote pronuncia esto un tiempo después de la Crucifixión.

¿Hemos perdido al mejor compañero de todos
Por culpa de sacerdotes y el árbol del ahorcado?
Sí, amante era él de hombres fuertes,
Del mar abierto y de los barcos.

Cuando vinieron con soldados a buscar a Nuestro Hombre
Era agradable ver su sonrisa,
"¡Primero dejen que estos se vayan!", dijo nuestro Buen Compañero,
"O los veré condenados".

Sí, él nos liberó de las altas lanzas cruzadas
Y el desprecio de su risa resonó libre,
"¿Por qué no me apresaron cuando caminaba
Solo por la ciudad", les preguntó.

Bebimos a su "Salud" el buen vino tinto
Cuando le hicimos compañía por última vez,
No era un sacerdote castrado el Buen Compañero,
Un hombre entre los hombres era él.

Lo he visto conducir a cientos de hombres
A su voluntad con un azote de sogas,

That they took the high and holy house
For their pawn and treasury.

They'll no' get him a' in a book I think
Though they write it cunningly;
No mouse of the scrolls was the Goodly Fere
But aye loved the open sea.

If they think they ha' snared our Goodly Fere
They are fools to the last degree.
"I'll go to the feast," quo' our Goodly Fere,
"Though I go to the gallows tree."

"Ye ha' seen me heal the lame and blind,
And wake the dead," says he,
"Ye shall see one thing to master all:
'Tis how a brave man dies on the tree."

A son of God was the Goodly Fere
That bade us his brothers be.
I ha' seen him cow a thousand men.
I have seen him upon the tree.

He cried no cry when they drave the nails
And the blood gushed hot and free,
The hounds of the crimson sky gave tongue
But never a cry cried he.

Para tomar la alta casa sagrada
Como posesión y tesoro.

No lo atraparán en un libro, me parece,
Aunque ellos lo escriban astutamente;
Ningún ratón de los pergaminos fue el Buen Compañero,
Sino un amante del mar abierto.

Si creen que han atrapado a nuestro Buen Compañero
Son unos tontos hasta el último grado.
"Iré a la fiesta", dijo nuestro Buen Compañero,
"Aunque termine en el árbol del ahorcado".

"Ustedes me han visto curar ciegos y lisiados,
Y despertar a los muertos", dijo,
"Verán algo que todo lo ha de superar:
Así es como un hombre valiente muere en el árbol".

Un hijo de Dios era el Buen Compañero
Nos pidió que fuéramos sus hermanos.
Lo he visto acobardar a miles de hombres.
Lo he visto sobre el árbol.

No lanzó ni un grito cuando le penetraron los clavos
Y la sangre se derramó cálida y libre,
Los sabuesos del rojo cielo aullaron
Pero él no lanzó ni un grito.

I ha' seen him cow a thousand men
On the hills o' Galilee,
They whined as he walked out calm between,
Wi' his eyes like the grey o' the sea.

Like the sea that brooks no voyaging
With the winds unleashed and free,
Like the sea that he cowed at Genseret
Wi' twey words spoke' suddently.

A master of men was the Goodly Fere,
A mate of the wind and sea,
If they think they ha' slain our Goodly Fere
They are fools eternally.

I ha' seen him eat o' the honey-comb
Sin' they nailed him to the tree.

Lo he visto acobardar a miles de hombres
En las colinas de Galilea,
Ellos gemían mientras él caminaba tranquilo,
Con sus ojos grises como el océano.

Como el mar que no admite travesías
Con los vientos libres y desencadenados,
Como al mar que acobardó a Genesaret
Cuando él de repente pronunció dos palabras.

Un maestro de los hombres era el Buen Compañero,
Amigo del viento y del mar,
Si creen que han matado a nuestro Buen Compañero
Son tontos para la eternidad.

Lo he visto comer miel de los panales
Luego de que lo clavaran al árbol.

HYMN III

From the Latin of Marc Antony Flaminius, sixteenth century.

As a fragile and lovely flower unfolds its gleaming
    foliage on the breast of the fostering earth, if
    the dew and the rain draw it forth;
So doth my tender mind flourish, if it be fed with the
    sweet dew of the fostering spirit,
Lacking this, it beginneth straightway to languish,
    even as a floweret born upon dry earth, if the
    dew and the rain tend it not.

HIMNO III

Del latín de Marco Antonio Flaminio, siglo XVI.

Como una frágil y encantadora flor que despliega su reluciente
    follaje en el pecho de la tierra protectora, si
    la lluvia y el rocío la estimulan a crecer;
Así florece mi delicada mente, si se alimenta con el
    dulce rocío del espíritu protector,
A falta de esto, comienza inmediatamente a languidecer,
    tal como una flor que nace sobre la tierra seca,
    si el rocío y la lluvia no la protegen.

SESTINA FOR YSOLT

There comes upon me will to speak in praise
Of things most fragile in their loveliness;
Because the sky hath wept all this long day
And wrapped men's hearts within its cloak of greyness,
Because they look not down I sing the stars,
Because 'tis still mid-March I praise May's flowers.

Also I praise long hands that lie as flowers
Which though they labour not are worthy praise,
And praise deep eyes like pools wherein the stars
Gleam out reflected in their loveliness,
For whoso look on such there is no greyness
May hang about his heart on any day.

The other things that I would praise to-day?
Besides white hands and all the fragile flowers,
And by their praise dispel the evening's greyness?
I praise dim hair that worthiest is of praise
And dream upon its unbound loveliness,
And how therethrough mine eyes have seen the stars.

Yea, through that cloud mine eyes have seen the stars
That drift out slowly when night steals the day,
Through such a cloud meseems their loveliness

SEXTINA PARA ISOLDA

Ahí llega en mí la voluntad de hablar en alabanza
De las cosas más frágiles en su hermosura;
Porque el cielo ha llorado todo este largo día
Y ha envuelto el corazón de los hombres dentro de su gris manto,
Porque ellos no bajan la mirada, yo canto a las estrellas,
Porque estamos a mediados de Marzo, alabo el Mayo florido.

Además alabo a las largas manos que yacen como flores,
Las cuales, aunque no trabajan, son dignas de alabanza,
Y alabo a los profundos ojos como charcos en los que las estrellas
Reflejan en destello su hermosura,
Para quien mira en tales cosas no hay grisura
Que algún día pueda pender sobre su corazón.

¿Las otras cosas que me gustaría alabar hoy?
¿Además de las manos blancas y todas las frágiles flores,
Que en su alabanza pueden disipar el gris color del anochecer?
Alabo el tenue cabello que es más digno de alabanza
Y sueño con su desatada hermosura,
Y sobre cómo mis ojos han visto las estrellas atravesadas por él.

Sí, a través de esa bruma mis ojos han visto las estrellas
Que aparecen lentamente cuando la noche se roba el día,
A través de semejante bruma se ve su hermosura

Surpasses that of all the other flowers.
For that one night I give all nights my praise
And love therefrom the twilight's coming greyness.

There is a stillness in this twilight greyness
Although the rain hath veiled the flow'ry stars,
They seem to listen as I weave this praise
Of what I have not seen all this grey day,
And they will tell my praise unto the flowers
When May shall bid them in in loveliness.

O ye I love, who hold this loveliness
Near to your hearts, may never any greyness
Enshroud your hearts when ye would gather flowers,
Or bind your eyes when ye would see the stars;
But alway do I give ye flowers by day,
And when day's plucked I give ye stars for praise.

But most, thou Flower, whose eyes are like the stars,
With whom my dreams bide all the live-long day,
Within thy hands would I rest all my praise.

Que supera a la de todas las demás flores.
Por esa noche, doy a todas las noches mi alabanza
Y el amor del mismo crepúsculo se acerca con grisura.

Hay una quietud en este crepúsculo de grisura,
Aunque la lluvia ha velado las estrellas floridas,
Ellas parecen escuchar mientras tejo esta alabanza
De lo que no he visto a lo largo de este gris día,
Y ellas pronunciarán mi alabanza a las flores
Cuando Mayo las ofrezca en su hermosura.

Oh, yo adoro a quienes guardan esta hermosura
Cerca de sus corazones, que nunca serán grises,
Envuelven sus corazones cuando recogen flores,
O vendan sus ojos cuando miran las estrellas;
Pero siempre te doy flores durante el día,
Y cuando se acaba te doy estrellas para la alabanza.

Pero en ti, Flor, cuyos ojos son como las estrellas,
Y con quienes mis sueños se aferran a lo largo del día,
En tus manos reposaría todas mis alabanzas.

PORTRAIT

From "La Mère Inconnue."

Now would I weave her portrait out of all dim splendour.
Of Provence and far halls of memory,
Lo, there come echoes, faint diversity
Of blended bells at even's end, or
As the distant seas should send her
The tribute of their trembling, ceaselessly
Resonant. Out of all dreams that be,
Say, shall I bid the deepest dreams attend her?

Nay! For I have seen the purplest shadows stand
Alway with reverent chere that looked on her,
Silence himself is grown her worshipper
And ever doth attend her in that land
Wherein she reigneth, wherefore let there stir
Naught but the softest voices, praising her.

RETRATO

De "La Mère Inconnue."

Ahora me gustaría tejer su retrato por fuera de todo tenue esplendor.
De Provenza y los lejanos pasillos de la memoria,
Mira, aquí llegan ecos, débil diversidad
De entremezcladas campanas en el fin de la tarde, o
Como mares lejanos deberían enviarle
El homenaje de su temblor, sin descanso,
Resonante. De todos los sueños que existen,
¿Debo decir que los sueños más profundos la contienen?

¡No! Porque he visto las sombras más puras de pie
Mirándola siempre con reverente amor,
El silencio mismo ha hecho crecer su devoción
Y nunca la esperes en aquella tierra
Donde ella reina, donde sólo se funden
Las voces más suaves, alabándola.

"FAIR HELENA" BY RACKHAM

"What I love best in all the world?"

When the purple twilight is unbound,
To watch her slow, tall grace
   and its wistful loveliness,
And to know her face
   is in the shadow there,
Just by two stars beneath that cloud—
The soft, dim cloud of her hair,
And to think my voice
   can reach to her
As but the rumour of some tree-bound stream,
Heard just beyond the forest's edge,
Until she all forgets I am,
And knows of me
Naught but my dream's felicity.

"FAIR HELENA" POR RACKHAM

"What I love best in all the world?"

Cuando el crepúsculo morado está suelto,
Para contemplar su hermoso, lento,
          y anhelante encanto,
Y conocer su rostro
          allí en la sombra,
Sólo por dos estrellas debajo de esa niebla—
La suave y débil bruma de su cabello,
Y pensar que mi voz
          puede alcanzarla
Como el rumor de alguna corriente arbolada,
Oída más allá de los límites del bosque,
Hasta que ella se olvida de todo lo que soy,
Y sólo conoce de mí
Nada más que la felicidad de mi sueño.

LAUDANTES DECEM PULCHRITUDINIS JOHANNAE TEMPLI

I

When your beauty is grown old in all men's songs,
And my poor words are lost amid that throng,
Then you will know the truth of my poor words,
And mayhap dreaming of the wistful throng
That hopeless sigh your praises in their songs,
You will think kindly then of these mad words.

II

I am torn, torn with thy beauty,
O Rose of the sharpest thorn!
O Rose of the crimson beauty,
Why hast thou awakened the sleeper?
Why hast thou awakened the heart within me,
O Rose of the crimson thorn?

III

The unappeasable loveliness
            is calling to me out of the wind,
And because your name
            is written upon the ivory doors,

LAUDANTES DECEM PULCHRITUDINIS JOHANNAE TEMPLI

I

Cuando tu belleza haya envejecido en todas las canciones de los hombres,
Y mis pobres palabras se pierdan en medio de esa multitud,
Entonces conocerás la verdad de mis pobres palabras,
Y tal vez soñando con la nostálgica multitud,
Que suspira sin esperanza tus alabanzas en sus canciones,
Pensarás amablemente en estas locas palabras.

II

Estoy desgarrado, desgarrado por tu belleza,
¡Rosa de la espina más afilada!
Rosa de la belleza carmesí,
¿Por qué has despertado al durmiente?
¿Por qué has despertado al corazón dentro de mí,
Rosa de la espina carmesí?

III

La ineludible hermosura
                me está llamando desde el viento,
Y porque tu nombre
                está escrito sobre las puertas de marfil,

The wave in my heart is as a green wave, unconfined,
Tossing the white foam toward you;
And the lotus that pours
Her fragrance into the purple cup,
Is more to be gained with the foam
Than are you with these words of mine.

IV

He speaks to the moonlight concerning the Beloved.

Pale hair that the moon has shaken
Down over the dark breast of the sea,
O magic her beauty has shaken
About the heart of me;
Out of you have I woven a dream
That shall walk in the lonely vale
Betwixt the high hill and the low hill,
Until the pale stream
Of the souls of men quench and grow still.

V

Voices speaking to the sun.

Red leaf that art blown upward and out and over
The green sheaf of the world,

La ola en mi corazón es como una ola verde, desenfrenada,
Echando la espuma blanca hacia ti;
Y el loto que vierte
Su fragancia en la copa morada,
Está más cerca de obtener la espuma
De lo que estás tú con mis palabras.

IV

Él habla a la luz de la luna acerca de la Amada.

Pálido cabello que la luna ha sacudido
sobre el oscuro pecho del mar,
Oh, la magia de su belleza ha temblado
Sobre mi corazón;
De ti he tejido un sueño
Que caminará en el solitario valle
Entre la colina alta y la colina baja,
Hasta la pálida corriente
De las almas de los hombres que se apagan y crecen todavía.

V

Voces hablándole al sol.

Hoja roja que vuela hacia arriba y hacia fuera
Y sobre el verde fajo de la tierra,

And through the dim forest and under
The shadowed arches and the aisles,
We, who are older than thou art,
Met and remembered when his eyes beheld her
In the garden of the peach-trees,
In the day of the blossoming.

VI

I stood on the hill of Yrma
            when the winds were a-hurrying,
With the grasses a-bending
            I followed them,
Through the brown grasses of Ahva
            unto the green of Asedon.
I have rested with the voices
            in the gardens of Ahthor,
I have lain beneath the peach-trees
            in the hour of the purple:

Because I had awaited in
            the garden of the peach-trees,
Because I had feared not
            in the forest of my mind,
Mine eyes beheld the vision of the blossom
There in the peach-gardens past Asedon.

Y a través del tenue bosque y bajo
Los arcos de sombra y pasadizos,
Nosotros, que somos más viejos,
Nos encontramos y recordamos cuando los ojos de él la contemplaron
En el jardín de los durazneros,
En el día de la floración.

VI

Me puse de pie en la colina de Yrma
           cuando los vientos se apresuraban,
Entre los inclinados pastos
           salí en su búsqueda,
A través de las marrones hierbas de Avha
           hasta el verde de Asedon.
He descansado con las voces
           en los jardines de Ahthor,
Me he tendido debajo de los durazneros
           en la hora morada:

Porque había esperado en
           el jardín de los durazneros,
Porque no había temido
           en el bosque de mi mente,
Mis ojos contemplaron la visión de la floración
Allí en los jardines de duraznos, más allá de Asedon.

O winds of Yrma, let her again come unto me,
Whose hair ye held unbound in the gardens of Ahthor!

VII

Because of the beautiful white shoulders and the rounded breasts
I can in no wise forget my beloved of the peach-trees,
And the little winds that speak when the dawn is unfurled
And the rose-colour in the grey oak-leaf's fold

When it first comes, and the glamour that rests
On the little streams in the evening; all of these
Call me to her, and all the loveliness in the world
Binds me to my beloved with strong chains of gold.

VIII

If the rose-petals which have fallen upon my eyes
And if the perfect faces which I see at times
When my eyes are closed—
Faces fragile, pale, yet flushed a little, like petals of roses:
If these things have confused my memories of her
So that I could not draw her face
Even if I had skill and the colours,
Yet because her face is so like these things
They but draw me nearer unto her in my thought
And thoughts of her come upon my mind gently,
As dew upon the petals of roses.

¡Oh, vientos de Yrma, dejen que ella de nuevo vuelva hasta mí,
Cuyo cabello mantenían desatado en los jardines de Ahthor!

VII

Por los hermosos hombros blancos y los pechos redondeados
No puedo de ninguna manera olvidar a mi amada de los durazneros,
Y los pequeños vientos que hablan cuando el alba se extiende
Y el color rosa se pliega en la gris hoja de roble

Cuando aparece, y el encanto que descansa
En las pequeñas corrientes del crepúsculo; todo esto
Me conduce hacia ella, y toda la belleza del mundo
Me une a mi amada con fuertes cadenas de oro.

VIII

Si los pétalos de rosa que han caído sobre mis ojos
Y si los perfectos rostros que ocasionalmente veo
Cuando mis ojos están cerrados—
Rostros frágiles, pálidos, pero un poco enrojecidos, como pétalos de rosas:
Si estas cosas han confundido mis recuerdos de ella
Como para que no pudiera dibujar su rostro
Aun teniendo la habilidad y los colores,
Incluso aunque su rostro sea muy parecido a estas cosas
Me acercan más a ella en mi pensamiento
E impresiones de ella llegan a mi mente con suavidad,
Como el rocío sobre los pétalos de rosa.

IX

He speaks to the rain.

O pearls that hang on your little silver chains,
The innumerable voices that are whispering
Among you as you are drawn aside by the wind,
Have brought to my mind the soft and eager speech
Of one who hath great loveliness,

Which is subtle as the beauty of the rains
That hang low in the moonshine and bring
The May softly among us, and unbind
The streams and the crimson and white flowers and reach
Deep down into the secret places.

X

The glamour of the soul hath come upon me,
And as the twilight comes upon the roses,
Walking silently among them,
So have the thoughts of my heart
Gone out slowly in the twilight
Toward my beloved,
Toward the crimson rose, the fairest.

IX

Él le habla a la lluvia.

Oh, perlas que cuelgan de tus pequeñas cadenas de plata,
Las innumerables voces que susurran
En medio de ti cuando eres arrastrada por el viento,
Han traído a mi mente el suave y ansioso discurso
De quien tiene gran hermosura,

Que es sutil como la belleza de las lluvias
Que cuelgan en la luz de la luna y traen
La flor del espino suavemente entre nosotros, y desatan
Los arroyos y las flores blancas y carmesí, y llegan
A lo más profundo de los lugares secretos.

X

El encanto del alma ha caído sobre mí,
Como el crepúsculo cae sobre las rosas,
Caminando en silencio entre ellas,
Así los pensamientos de mi corazón
Salieron lentamente en el crepúsculo
Hacia mi amada,
Hacia la rosa carmesí, la más bella.

AUX BELLES DE LONDRES

I am aweary with the utter and beautiful weariness
And with the ultimate wisdom and with things terrene,
I am aweary with your smiles and your laughter,
And the sun and the winds again
Reclaim their booty and the heart o' me.

AUX BELLES DE LONDRES

Estoy agotado del absoluto y hermoso cansancio
Y de la suprema sabiduría y de las cosas terrenales,
Estoy agotado de tus sonrisas y carcajadas,
El viento y el sol reclaman de nuevo
Su propio botín y mi corazón.

FRANCESCA

You came in out of the night
And there were flowers in your hands,
Now you will come out of a confusion of people,
Out of a turmoil of speech about you.

I who have seen you amid the primal things
Was angry when they spoke your name
In ordinary places.
I would that the cool waves might flow over my mind,
And that the world should dry as a dead leaf,
Or as a dandelion seed-pod and be swept away,
So that I might find you again,
Alone.

FRANCESCA

Saliste de la noche
Y había flores en tus manos,
Ahora saldrás de la confusión de la gente,
De un tumulto de palabras sobre ti.

Yo, que te he visto en medio de las cosas esenciales,
Me enfurecí cuando pronunciaron tu nombre
En lugares ordinarios.
Quisiera que las frías olas fluyeran sobre mi mente,
Y que el mundo se secase como una hoja muerta,
O ser barrido como el capullo de semilla de un diente de león,
Para que pueda encontrarte de nuevo,
Sola.

GREEK EPIGRAM

Day and night are never weary,
Nor yet is God of creating
For day and night their torch-bearers
The aube and the crepuscule.

So, when I weary of praising the dawn and the sun-set,
Let me be no more counted among the immortals;
But number me amid the wearying ones,
Let me be a man as the herd,
And as the slave that is given in barter.

EPIGRAMA GRIEGO

El día y la noche nunca se cansan,
Tampoco el Dios de la creación
Del día y de la noche, y sus portadores de antorchas,
El alba y el crepúsculo.

Entonces, cuando me canse de alabar la puesta del sol y el amanecer,
No me dejes más entre los inmortales;
Enumérame entre los cansados,
Déjame ser como un hombre de la manada,
Un esclavo que se da en el trueque.

PLOTINUS

As one that would draw through the node of things,
    Back sweeping to the vortex of the cone,
    Cloistered about with memories, alone
In chaos, while the waiting silence sings:

Obliviate of cycles' wanderings
    I was an atom on creation's throne
    And knew all nothing my unconquered own.
God! Should I be the hand upon the strings?!

But I was lonely as a lonely child.
I cried amid the void and heard no cry,
And then for utter loneliness, made I
New thoughts as crescent images of *me*.
And with them was my essence reconciled
While fear went forth from mine eternity.

PLOTINO

Como alguien que se pudiera desplazar en el nodo de las cosas,
   Retrocediendo drásticamente al vértice del cono,
   Enclaustrado con recuerdos, solo
En el caos, mientras el paciente silencio canta:

Habiendo olvidado los ciclos errantes
   Era un átomo en el trono de la creación
   Y no sabía nada de mi propia inconquista.
¡Dios! ¿Debería ser yo la mano por encima de las cuerdas?

Pero estaba solo como un niño solitario.
Grité en medio del vacío pero no escuché ni un grito,
Y luego, debido a la absoluta soledad, concebí
Nuevos pensamientos como crecientes imágenes de *mí*.
Y con ellos se reconcilió mi esencia
Mientras el miedo se alejó de mi eternidad.

ON HIS OWN FACE IN A GLASS

O strange face there in the glass!
O ribald company, O saintly host,
O sorrow-swept my fool,
What answer? O ye myriad
That strive and play and pass,
Jest, challenge, counterlie?
I? I? I?
      And ye?

A SU PROPIO ROSTRO EN EL ESPEJO

¡Oh, extraño rostro allí en el espejo!
¡Oh, irreverente compañía, Oh, santo anfitrión,
Oh, bufón mío, arrastrado por la pena!
¿Qué respondes? ¿Oh, tú, miríada
Que luchas y juegas y pasas,
Que bromeas, desafías y contestas con mentiras?
¿Yo? ¿Yo? ¿Yo?
      ¿Y tú?

HISTRION

No man hath dared to write this thing as yet,
And yet I know, how that the souls of all men great
At times pass through us,
And we are melted into them, and are not
Save reflexions of their souls.
Thus am I Dante for a space and am
One François Villon, ballad-lord and thief
Or am such holy ones I may not write,
Lest blasphemy be writ against my name;
This for an instant and the flame is gone.

'Tis as in midmost us there glows a sphere
Translucent, molten gold, that is the "I"
And into this some form projects itself:
Christus, or John, or eke the Florentine;
And as the clear space is not if a form's
Imposed thereon,
So cease we from all being for the time,
And these, the Masters of the Soul, live on.

HISTRIÓN

Ningún hombre se ha atrevido todavía a escribir esto,
Y sin embargo sé cómo son las almas de los grandes hombres
Algunas veces pasan a través nuestro,
Y nos fundimos en ellos, y no somos
Más que reflejos a salvo de sus almas.
Así soy Dante por un lapso y soy
Un François Villon, poeta y ladrón
O soy alguno de los santos de los que no puedo escribir,
Para que no se escriba blasfemia contra mi nombre;
Esto dura un instante y la llama desaparece.

Es como en nuestro centro donde brilla una esfera
Traslúcida, oro fundido, ese es el "yo"
Y en esto se proyecta de alguna forma:
Cristo, o Juan, o el Florentino;
Y como el claro espacio no es una forma
Impuesta sobre sí misma,
Así dejamos de ser por un momento,
Y estos, los Maestros del Alma, sobreviven.

THE EYES

Rest Master, for we be a-weary, weary
And would feel the fingers of the wind
Upon these lids that lie over us
Sodden and lead-heavy.

    Rest brother, for lo! the dawn is without!
The yellow flame paleth
And the wax runs low.

Free us, for without be goodly colours,
Green of the wood-moss and flower colours,
And coolness beneath the trees.

    Free us, for we perish
In this ever-flowing monotony
Of ugly print marks, black
Upon white parchment.

    Free us, for there is one
Whose smile more availeth
Than all the age-old knowledge of thy books:
And we would look thereon.

LOS OJOS

Descansa Maestro, porque estamos cansados, cansados
Y nos gustaría sentir los dedos del viento
Sobre estos párpados que yacen sobre nosotros
Extremadamente húmedos y pesados como el plomo.

Descansa hermano, ¡mira cómo se libera el alba!
La llama amarilla empalidece
Y la cera comienza a agotarse.

Libéranos, porque afuera hay colores agradables,
El verde musgo color madera y los colores de las flores,
Y la frescura debajo de los árboles.

Libéranos, porque perecemos
En esta eterna monotonía
De feas marcas impresas, negras
Sobre pergamino blanco.

Libéranos, porque existe alguien
Cuya sonrisa vale más
Que toda la antigua sabiduría de tus libros:
Y a ella nos gustaría mirar.

DEFIANCE

Ye blood-red spears-men of the dawn's array
That drive my dusk-clad knights of dream away,
Hold! For I will not yield.

My moated soul shall dream in your despite
A refuge for the vanquished hosts of night
That *can* not yield.

DESAFÍO

Ustedes, hombres-lanzas color-sangre del arsenal del alba,
Eso impulsa a soñar a mis caballeros armados de crepúsculo,
¡Esperen! Porque no me rendiré.

Mi fortificada alma soñará a tu pesar
Un refugio para los vencidos anfitriones de la noche
Que no *pueden* rendirse.

SONG

Love thou thy dream
All base love scorning,
Love thou the wind
And here take warning
That dreams alone can truly be,
For 'tis in dream I come to thee.

CANCIÓN

Ama tu sueño
Menospreciando cualquier otro amor,
Ama el viento
Y toma esta advertencia
Ya que sólo los sueños pueden ser verdaderos,
Y por esto en los sueños me dirijo a ti.

NEL BIANCHEGGIAR

Blue-Grey, and white, and white-of-rose,
The flowers of the West's fore-dawn unclose.
I feel the dusky softness whirr
Of colour, as upon a dulcimer
"Her" dreaming fingers lay between the tunes,
As when the living music swoons
But dies not quite, because for love of us
—knowing our state
How that 'tis troublous—
It wills not die to leave us desolate.

NEL BIANCHEGGIAR

Azul grisáceo, y blanco, y color blanco de rosa,
Las flores del Oeste se abren antes del alba.
Siento la oscura suavidad del zumbido
Del color, como en un dulcimer
"Sus" dedos yacen entre las melodías,
Como cuando la música viva se desvanece
Pero no muere del todo, porque nuestro amor
—conociendo su estado
de turbación—
No morirá para dejarnos desolados.

NILS LYKKE

Beautiful, infinite memories
That are a-plucking at my heart,
Why will you be ever calling and a-calling,
And a-murmuring in the dark there?
And a-reaching out your long hands
Between me and my beloved?

And why will you be ever a-casting
The black shadow of your beauty
On the white face of my beloved
And a-glinting in the pools of her eyes?

NILS LYKKE

Hermosos, interminables recuerdos
Que están arrancando a mi corazón,
¿Por qué estarás siempre llamando y llamando
Y murmurando ahí en la oscuridad,
Y extendiendo tus largas manos
Entre mi amada y yo?

¿Y por qué serás siempre un molde,
La negra sombra de tu belleza
En el blanco rostro de mi amada
Y un destello en los charcos de sus ojos?

A SONG OF THE VIRGIN MOTHER

In the play "Los Pastores de Belen."

From the Spanish of Lope de Vega.

As ye go through these palm-trees
O holy angel;
Sith sleepeth my child here
Still ye the branches.

O Bethlehem palm-trees
That move to the anger
Of winds in their fury,
Tempestuous voices,
Make ye no clamour,
Run ye less swiftly,
Sith sleepeth the child here
Still ye your branches.

He the divine child
Is here a-wearied
Of weeping the earth-pain,
Here for his rest would he
Cease from his mourning,
Only a little while,

CANCIÓN PARA LA VIRGEN MARÍA

En la obra "Los Pastores de Belén."

Del español de Lope de Vega.

Mientras pases por estas palmeras
Oh, ángel sagrado,
Ya que aquí duerme mi hijo
Mantén quietos los ramos.

Oh, Palmeras de Belén,
Que este movimiento hacia la ira
De los vientos en su furia,
Voces tempestuosas,
No haga ningún ruido,
Y corra más despacio,
Ya que aquí duerme mi hijo
Mantén quietos los ramos.

El niño divino
Está cansado
De llorar el dolor de la tierra,
Por su descanso él
Dejaría su pena,
Aunque sea por un rato,

Sith sleepeth this child here
Stay ye the branches.

Cold be the fierce winds,
Treacherous round him.
Ye see that I have not
Wherewith to guard him,
O angels, divine ones
That pass us a-flying,
Sith sleepeth my child here
Stay ye the branches.

Ya que aquí duerme mi hijo,
Mantén quietos los ramos.

Fríos son los vientos feroces
Que lo están cercando.
Ya ves que no tengo
Con qué resguardarlo,
Oh, ángeles divinos,
Que pasan volando,
Ya que aquí duerme mi hijo,
Mantén quietos los ramos.

PLANH FOR THE YOUNG ENGLISH KING

That is, Prince Henry Plantagenet, elder brother to
Richard "Coeur de Lion."

From the Provençal of Bertrans de Born "Si tuit li dol elh plor elh marrimen."

If all the grief and woe and bitterness,
All dolour, ill and every evil chance
That ever came upon this grieving world
Were set together they would seem but light
Against the death of the young English King.
Worth lieth riven and Youth dolorous,
The world o'ershadowed, soiled and overcast,
Void of all joy and full of ire and sadness.

Grieving and sad and full of bitterness
Are left in teen the liegemen courteous,
The joglars supple and the troubadours.
O'er much hath ta'en Sir Death that deadly warrior
In taking from them the young English King,
Who made the freest hand seem covetous.
'Las! Never was nor will be in this world
The balance for this loss in ire and sadness!

O skilful Death and full of bitterness,
Well mayst thou boast that thou the best chevalier

PLANH PARA EL JOVEN REY INGLÉS

Es decir, el príncipe Enrique Plantagenet, hermano mayor de
Ricardo *"Coeur de Lion."*

Del provenzal de Bertran de Born "Si tuit li dol elh plor elh marrimen."

Si todas las penas y amarguras e infortunios,
Si todos los males, dolores y desgracias
Que alguna vez llegaron a este sufriente mundo
Se juntaran, parecerían livianos
Comparados con la muerte del joven Rey Inglés.
El valor yace desgarrado y la Juventud dolorida,
El mundo ensombrecido, impuro y nublado,
Privado de alegría y lleno de ira y tristeza.

Sufrientes y tristes y llenos de amargura
Quedan afligidos los corteses vasallos,
Los serviles juglares y los trovadores.
Mucho se ha llevado el caballero de la muerte con este guerrero mortal,
Tomando de ellos al joven Rey Inglés,
A cuyo lado parecían mezquinos los más generosos.
¡Jamás hubo ni habrá en este mundo
Compensación posible para esta pérdida en ira y tristeza!

Hábil muerte y llena de amargura,
Bien puedes jactarte de haberte llevado al

That any folk e'er had, hast from us taken;
Sith nothing is that unto worth pertaineth
But had its life in the young English King,
And better were it, should God grant his pleasure
That he should live than many a living dastard
That doth but wound the good with ire and sadness.

From this faint world, how full of bitterness
Love takes his way and holds his joy deceitful,
Sith no thing is but turneth unto anguish
And each to-day 'vails less than yestere'en,
Let each man visage this young English King
That was most valiant mid all worthiest men!
Gone is his body fine and amorous,
Whence have we grief, discord and deepest sadness.

Him, whom it pleased for our great bitterness
To come to earth to draw us from misventure,
Who drank of death for our salvacioun,
Him do we pray as to a Lord most righteous
And humble eke, that the young English King
He please to pardon, as true pardon is,
And bid go in with honoured companions
There where there is no grief, nor shall be sadness.

Mejor caballero que haya tenido un pueblo;
Ya que nada existe que valga tanto la pena
Como la vida del joven Rey Inglés,
Y mucho mejor sería si Dios le concediera este placer,
Que él viviera y no tantos hombres viles
Que no hacen más que herir a los buenos con ira y tristeza.

De este mundo débil, tan lleno de amargura,
El amor sigue su camino y mantiene su engañosa alegría,
Desde que nada es otra cosa que angustia
Y cada nuevo día vale menos que ayer,
¡Que todos hombres vislumbren al joven Rey Inglés,
El más valiente entre los más valiosos!
Su cuerpo se ha ido, delicado y amoroso,
Dejándonos sólo pena, discordia y tristeza profunda.

A él, quien complacido por nuestra gran amargura quiso
Venir a la tierra para sacarnos de la desgracia,
Y bebió de la muerte por nuestra salvación,
A él le rezamos como al Señor más justiciero
Y humildemente le pedimos que al joven Rey Inglés
Le conceda el perdón, el perdón verdadero,
Y lo lleve con sus honrados compañeros
Allí donde no hay dolor, ni habrá tristeza.

ALBA INNOMINATA

From the Provençal.

In a garden where the whitethorn spreads her leaves
My lady hath her love lain close beside her,
Till the warder cries the dawn—Ah dawn that grieves!
Ah God! Ah God! That dawn should come so soon!

"Please God that night, dear night should never cease,
Nor that my love should parted be from me,
Nor watch cry 'Dawn'—Ah dawn that slayeth peace!
Ah God! Ah God! That dawn should come so soon!"

"Fair friend and sweet, thy lips! Our lips again!
Lo, in the meadow there the birds give song!
Ours be the love and Jealousy's the pain!
Ah God! Ah God! That dawn should come so soon!"

"Sweet friend and fair take we our joy again
Down in the garden, where the birds are loud,
Till the warder's reed astrain
Cry God! Ah God! That dawn should come so soon!"

"Of that sweet wind that comes from Far-Away
Have I drunk deep of my Beloved's breath,
Yea! of my Love's that is so dear and gay.

ALBA INNOMINATA

Del provenzal.

En un jardín donde el blanco espino extiende sus hojas
Tuvo la dama a su amor recostado junto a ella,
Hasta que el guardián gritó ante el alba—¡Ay, alba que aflige!
¡Ay Dios! ¡Ay Dios! ¡El alba llega tan pronto!

"Quisiera Dios que la querida noche nunca termine,
Ni que mi amor de mí se separe,
Ni que el guardia grite 'Alba'—¡Alba que destruye la paz!
¡Ay Dios! ¡Ay Dios! ¡El alba llega tan pronto!"

"¡Bello y dulce amigo, tus labios! ¡Tus labios otra vez!
¡Abajo en el prado, donde los pájaros cantan!
¡Nuestro sea el amor y la pena del Celoso!
¡Ay Dios! ¡Ay Dios! ¡El alba llega tan pronto!"

"Bello y dulce amigo, llevemos nuestro goce de nuevo
Abajo, en el jardín, donde las aves son ruidosas,
Hasta que el guardián toque su instrumento
¡Ay Dios! ¡Ay Dios! ¡El alba llega tan pronto!"

"De ese dulce viento que viene de muy lejos
He bebido profundamente del aliento de mi amado,
¡Sí! de mi amado alegre y cariñoso.

Ah God! Ah God! That dawn should come so soon!"

Envoi.

Fair is this damsel and right courteous,
And many watch her beauty's gracious way.
Her heart toward love is no wise traitorous.
Ah God! Ah God! That dawns should come so soon!

¡Ay Dios! ¡Ay Dios! ¡El alba llega tan pronto!"

Envoi.

Bella es la dama y cortés,
Y muchos miran su belleza con amabilidad.
Su corazón de ninguna manera traiciona al amor.
¡Ay Dios! ¡Ay Dios! ¡El alba llega tan pronto!

PLANH

It is of the white thoughts that he saw in the Forest.

White Poppy, heavy with dreams,
O White Poppy, who art wiser than love,
Though I am hungry for their lips
      When I see them a-hiding
And a-passing out and in through the shadows
—There in the pine wood it is,
And they are white, White Poppy,
They are white like the clouds in the forest of the sky
Ere the stars arise to their hunting.

O White Poppy, who art wiser than love,
I am come for peace, yea from the hunting
Am I come to thee for peace.
Out of a new sorrow it is,
That my hunting hath brought me.

White Poppy, heavy with dreams,
Though I am hungry for their lips
      When I see them a-hiding
And a-passing out and in through the shadows
—And it is white they are—
But if one should look at me with the old hunger in her eyes,
How will I be answering her eyes?

PLANH

Es de los pensamientos blancos que él vio en el Bosque.

Amapola Blanca, cargada de sueños,
Oh, Amapola Blanca, que eres más sabia que el amor,
Aunque estoy hambriento de sus labios
       Cuando los veo salir
Y esconderse y entrar a través de las sombras
—Allí están en el pinar,
Y son blancos, Amapola Blanca,
Blancos como las nubes en el bosque del cielo
Antes de que las estrellas se alcen en su búsqueda.

Oh, Amapola Blanca, que eres más sabia que el amor,
Vengo por la paz, sí, de la búsqueda
Vengo a ti por la paz.
De un nuevo dolor resulta
Que mi búsqueda me ha traído hasta aquí.

Amapola Blanca, cargada de sueños,
Aunque estoy hambriento de sus labios
       Cuando los veo salir
Y esconderse y entrar a través de las sombras
—Y de color blanco son—
Pero si alguien me mirara con el viejo hambre de sus ojos,
¿Cómo voy a responder a su mirada?

For I have followed the white folk of the forest.

Aye! It's a long hunting
And it's a deep hunger I have when I see them a-gliding
And a-flickering there, where the trees stand apart.

But oh, it is sorrow and sorrow
When love dies-down in the heart.

Porque he perseguido a los blancos seres del bosque.

¡Sí! Es una larga búsqueda
Y es un hambre profunda la que siento cuando los veo parpadeando
Y deslizándose ahí, donde los árboles se apartan.

Pero oh, es dolor y dolor
Cuando el amor se apaga en el corazón.

Colección Abracadabra

~

Nuevos Versos y Canciones,
Arthur Rimbaud

~

Un Gin-meando...,
Dan Fante

~

Defensa del ídolo,
Luis Omar Cáceres

~

Lustra,
Ezra Pound

~

Miradas y juegos en el espacio,
Hector de Sain-Denys Garneau

~

POESÍA BEAT

~

Rimas,
Guido Cavalcanti

Agosto 2019
Impreso en Buenos Aires,

Buenos Aires Poetry
www.buenosairespoetry.com